그대 잠시 쉬어가요

박소영 시집

채운재 시선 185

그대
잠시 쉬어가요

박소영 시집

잠시 멈춤 하셔서 충전하세요
충전 머니는 웃음입니다
바쁜 출근길 기운 충전
나른한 점심 상큼한 활력 충전
지친 퇴근길 따뜻한 마음 충전

시인의 말

　찰나와 순간까지도 소중하여라. 설중매가 붉은 몸을 열어 봄을 맞는 기쁨이 이럴까요?
　제 안에서 기쁨이 헤아릴 수 없는 봄꽃들로 피어납니다.
　그동안 문학지에 발표한 작품만으로는 만족 되지 않고 늘 갈증과 허기를 느끼곤 했는데 그간에 발표했던 그들을 정리하면서 많은 연민이 느껴집니다.
　참 부족했구나. 그렇지만 나의 숨이었고 생기가 되어 살게 해 준 살과 뼈와 같은 나의 분신들이어서 부족하지만 소중합니다.
　병상에 누웠다가 일어나면 일상의 아주 작은 것들이 어찌나 소중한지요.
　작은 꽃들이 얼마나 예쁜지요.
　하루하루 숨을 쉬는 그 순간들이 어찌나 귀한지요.
　자연의 풍경 한 장면도 시각적 언어가 되더군요.
　살아가면서 느끼는 감정 의식의 찰나마저도 모자라나마 붙잡아 둘 수 있는 깨달음이 되더군요.
　이렇게 소중하고 예쁜 것들을 숨차게 쏟아놓고 엮으려 하니 감회가 새롭습니다. 기꺼이 나의 인연으로 자릴 지켜주면서 할 수 있다 마음 도닥여 주신 분께 고마움을 전합니다.
　온몸을 감동과 감사로 채워봅니다.
　봄이 다시 찾아와 내 앞에서 향연을 베풀고 잔치를 베푸는 봄의 만찬에 첫 시집을 올려놓으려 합니다.

녹의 세계를 위해 연두의 키로 대지를 여는 찬란함처럼 숨으로 뱉어놓은 시의 조각들을 모아 한 권의 시집으로 탄생하니 그 무엇으로 이 행복과 바꿀 수 있겠습니까.
　그리움과 기다림 갈망의 목마름을 첫 시집으로 해갈하면서 사랑하는 가족과 저와 기꺼운 인연의 연을 맺어주신 모든 분께 인사드립니다.

　감사합니다.
　고맙습니다.
　사랑합니다.

박 소 영

차례

시인의 말 … 4

1부
말의 맛이 부르는 온도

춘삼월 도둑맞다 … 12
커피 … 13
물듦 … 14
배롱꽃 … 15
노을 … 16
수행 … 18
바람꽃 … 20
달아 달아 … 22
행복 느끼기 … 23
풍경소리 … 24
유월의 나무 … 25
조용한 사랑 … 26
가을 편지 … 27
만남 … 28
말의 맛이 부르는 온도 … 30
초겨울의 중년 … 32
살다 보면 · 1 … 34
살다 보면 · 2 … 36
가을 안부 … 38
가을 너 참 예쁘다 … 40

2부
고맙습니다

시간의 향기 … 42
고맙습니다 … 43
삼월에 눈 맞다 … 44
웃음 성형 … 45
냉잇국 … 46
봄비 … 48
봄을 만난 사람 … 49
바람과 구름도 꽃물이더라 … 50
비가 내리면 … 51
마음 선물 … 52
촛불 … 53
웃음 충전소 … 54
마음의 근육 … 55
바로 나 … 56
순간이 기적 … 58
말합니다 … 60
다시 살았습니다 … 61
고독을 빚는다 … 62
중년 … 64
가을 전령사 … 66

차례

3부
이별의 꽃

이별의 꽃 … 68
산국 … 69
사랑 … 70
그 사랑 후에 … 71
커피 한잔의 행복 … 72
길 … 73
오늘 … 74
사람이 꽃보다 아름다운 이유 … 76
의심의 양면성 … 77
아침 길 … 78
행복 … 79
사랑과 이념 사이 … 80
극한 직업 관람후기 … 82
돈 … 84
문학관 여행기 … 85
이 가을 … 86
국화차 … 87
가을풍경 … 88
은빛 동행 … 90
사람이 풍경 … 91

4부
바람 색이 있다면

초록이 기도하는 것을 보았는가 … 94
봄의 태동 … 95
바람 색이 있다면 … 96
오월 … 97
행복해지기 … 98
세기의 기적 … 100
자꾸만 축시를 쓰고 파요 … 101
봄 햇살을 초대하면 … 102
설중매 … 103
녹색 상처 … 104
꽃중년 … 105
그리움 … 106
만남 … 107
풀꽃을 헤아리며 … 108
가을 연민 … 109
8월의 선물 … 110
님의 향기 … 112
가을 몸살 … 113
마음 그릇(心椀) … 114
가을엔 안부를 전하세요 … 115

5부

봄볕이 자꾸 나를 떠밀어요

환희 ··· 118
봄볕이 자꾸 나를 떠밀어요 ··· 119
또 오고야 마는 봄 ··· 120
마음이 마음을 만나기 ··· 121
봄이면 ··· 122
소소함의 행복 ··· 123
그대 그리움을 마시며 ··· 124
좋은 가을이 따로 있을까 ··· 125
가을 연가 ··· 126
가을 만찬 ··· 127
가을은 미치광이 가슴 ··· 128
겨울꽃이 피면 ··· 129
삶은 향기로워야 한다 ··· 130
일상 ··· 131
우수(雨水) ··· 132
아름다운 송년 ··· 133

작품해설 ··· 136
긴 겨울을 지나, 봄비 내리는 시적 토양
- 김순진(문학평론가 · 한국문인협회 이사)

1부
말의 맛이 부르는 온도

춘삼월 도둑맞다

바람이 초록 바다를 깨워
내게 데려와 나를 흔든다
기별도 없던 병고에
춘삼월을 도둑맞아 가슴이 빈집인데
초록 바람이 바다로 일렁이며 나를 채운다
비로소
사월의 벼랑 같은 끝자락에
겨우 숨을 걸터앉히고
철저하게 나로 돌아와 이격離隔으로
낯설어 보이는 나와 마주 한다

또 하나의 나
윤기 없는 침묵 속, 잠겨버린 문을 지나
고독한 삶의 이면을
초록 바람이 흔들어 숨을 불어넣는다

잉태하는 자유와
평화로운 안도의 숨에 젖는다
채우려던 욕망은 내려놓는다
비움의 미학이 한 수 위임을 깨달았기에
시공간 스쳐 알알이 맺은 인연들
그저 아름다운 꽃만 같아라

커피

긴 시간 너와 마주한다
악마처럼 검고 지옥처럼 뜨거운 너

너의 향기는
검은 실크처럼 고혹적이다
왜 검은 맛에서 푸른 매력이 반짝일까
맛 들이면 헤어 나올 수 없는
깊디깊은 너의 이름은 수렁
온기가 향기롭게 파고들어
삽시간에 난 뜨거움으로 가득하다

외면할 수 없는 마력이여
아직 다 태우지 못한
불멸의 정열로 나의 손을 잡는다
빛과 그림자의 존재처럼
검은 실크에 은은한 향취 수 놓았으니
내가 커피를 마시는지
커피가 나를 마시는지

물듦

지극히 작은 것 주고받음에도
내 마음의 바람은
섭섭해 말자며 기억마다
반가운 사람으로 복작여 댄다

고단한 인생길 걷다 뛰다
서로 마음 기댈 사람
눈 시려 문득 하늘 쳐다보면
끝없이 그냥 그리운 사람
슬며시 손바닥으로 물들어 버린 사람

배롱꽃

백일을 붉게 피는
배롱꽃 아래서
부귀영화 꿈꾸던 시절
속절없이 그리워
봄날, 아픈 몸 버거워
눈물이 핑 도는데

쉼 하며
봄 앓이 끝나고 나면
여름내 가슴 쓰린 슬픔
꽃 피워 날려버릴까

순간 주머니 깊숙이
근심 넣어두고 애써
입가에 미소를 머금는다
여름비 오는 날 붉은 꽃 눈물이
기와 담장 아래로 떨어지는데
내 눈물이어라

배롱꽃 수액이
혈관을 타고 요동치면
그립고 그리워라
붉은 내 사랑아
임이여 걸음마다
그저 꽃길로 오소서
붉은빛 배롱꽃의 단심으로

노을

해넘이가 토해 놓는 붉은 단심
두 볼 간질이는 다정한 바람
지친 하루를 위로하기
이보다 더 좋은 건 없는 것 같아
하염없이 걷고 또 걷는다

이 풍경 잠자코 보고 있노라면
이토록 눈부시고 근사한 것들이
전부 공짜라는 사실을 체감하며
집으로 오는 삶이 노을이다

커피 한잔으로 더할 나위 없는
행복한 호사로 고개 끄덕여 주는
벗이 없다면 어찌 견딜까
아무리 노력해도 나는 나인 걸
아무리 노력해도 너는 너인 것을

관계와 관계 속에 얽혀진
무르기만 한 내 마음과
외려 너로 인해 더 단단해진
위로의 말들과 쌓인 시간들이
저 노을 속에서 무르익어져
저토록 혹독하게 찬란한 것을

이제 휘청이지 않으리
누군가가 실어준 힘이
고스란히 돌려주고 싶은 마음으로
누군가에게 돌려주리
아름답게 노을이 익는
저 풍경을 함께 주고받으며

수행

바람같이 물 같이
밝은 새벽이 여여如如 합니다

아침 길을 나서고 저녁이면 돌아와
잠자리에 들 때까지
하루는 그리 호락호락하게
자리를 내어주지 않습니다

늘 선택과 책임이란
이름의 무게가 가슴에 얹히고
무릎을 누릅니다

내가 기뻐하고 좋아라 하면
누군가는 우울해합니다
함께 행복하려
영리의 값을 잠시라도 치워봅니다

나로부터 계절 속에서
피고 지는 나무처럼 꽃처럼
눈 속에 꽃을 보듯
머리 아닌
가슴으로 인연을 대하고
다한 인연은 웃을 수 있기를

이제라도 내 인생 주인 되어
행복하게 살겠습니다

바람꽃
- 산불 속에서

바람은
꽃을 피우지만
바람의 반란으로
시뻘건 화마의 바람을 뽑아
녹색의 산야를
숯가마로 바꿔 놓습니다

펄펄 끓고 넘쳐서
숲속의 무릇 생명이란 이름들이
여린 몸 부르르 떨며
속절없이 불길 속에서
전신 공양으로 하늘로 오릅니다

초롱꽃
진달래꽃
산벚꽃
아름드리나무 뿌리까지
삼켜버리는 화마의 숨이
온통 산야를 유언장으로 채웠습니다

꽃가지에 지울 수 없는
상처를 남기고
바람의 짓이라고
바람의 탓이라고
아귀다툼하는 사이

달콤한 바람이
순풍에 돛을 단 듯 불어오자
바람꽃 단숨에 하늘에 눈 맞추며
부스스 얼굴 부빕니다
바람꽃이 나인 양 일어나 걷습니다

달아 달아

나이 드니 달을 닮아 가네
화려함보다
은은함이 좋아
많은 말을 하기보다
귀를 열어 들어주고
백 마디 말보다
따뜻한 마음으로 토닥여 주는

보여주는 삶이 아닌
나를 사랑하는 삶을 살게 되고
바람 소리 물소리 귀 기울이며
자연의 이치를 깨닫고
digital 같은 친구보다
analog 같은 친구가 정스럽고

함께 차 한 잔 나누며
은은한 달빛 아래
별들이 애무하는 소리 들으며
달빛에 조우할 수 있는
가슴이 은하수가 되네

행복 느끼기

감사할 줄 아는 습관만 있으면
누구나 행복해질 수 있습니다
행복해질 기회는
언제든 눈앞에 펼쳐져 있습니다

마음의 창을 열어
찬연한 빛 아래
바람을 느껴보세요
당신을 포근히 안아줄 테니까요

내일은 어느 누구도
예측할 수 없는 시간
휘영청 달 밝은 보름달 닮은
넉넉한 마음입니다

이런 말로 마음으로 보내기만 했던 것을
이제 내게로 불러와 넉넉해지고
내 자신을 보듬기로 한 날
나는 비로소 행복 해졌습니다

풍경소리

절집 마당에 들어서면
번뇌가 사라져 맑고 시원하다
먹물 옷 입지 않았으나
숙연하다 못해 가슴이 서늘하다

정진의 옷을 입고 수행하는 마음
나무는 꽃을 버려야 열매를 맺고
강물은 강을 떠나야 바다에 이른다는
스님의 나지막한 법문과
찻잔에 따르는 청아한 다도 소리
가슴골에 흐른다

수행은 멀어져도
넘치는 바람만 세우는 중생의 욕심
발원하는 소리도 귀 열어 들으시고
괜찮아 괜찮다
길 밝히는 절집 풍경소리

유월의 나무

태양에 지치지 않는
유월의 초록 나무
푸른빛 하늘 아래
잔잔한 바람 품어
초록빛 근육 키워
짙녹색 몸 되리라

잎새부터 뿌리까지
찬란한 햇빛 한잔
흠뻑 적시고 유월 흐른 뒤
태양 빛 쨍 쨍
머리카락 벗겨져도
노란 열매 익혀 거뜬히 버텨낸
짙녹색 달보드레

땀방울 대롱대롱
여름을 식혀준 녹색 바람
추색으로 부풀린 몸
가을을 알려주는 버팀목
유월의 나무

조용한 사랑

하루도 이렇듯
사랑받는 일은 매우 다채롭습니다
상쾌한 바람도
동살빛 밝아지는 햇살까지도
조용한 사랑을 노래합니다

갖은 나무와 다양한 풀잎 향기
지저귀는 새소리와 어우러지고
붉게 물드는 노을빛 안에선
평화가 흐르는
조용한 사랑이 무르익습니다

침묵으로 먹먹하게
피안의 탑을 오릅니다
깨달음이란 어느 순간
담담한 삶의 지혜로 담기지요
초조함 없는 바람의 끝자락은
생을 순응하며 끌어안는
조용한 사랑까지도 묵묵히

가을 편지

누그러진 국화차 향기에
가을의 핏줄이 일어서며 슬프게 웃는다
먼 곳 저곳 산으로부터
붉게 푸르게 타오르며 사연을 쓰는 가을이
시큰한 콧잔등을 어루만지고 있다

이별이 서럽다고 옷 갈아입길 주저하고
산천을 갈색의 바람으로
달빛 찻잔에 담가내어 물들인
여백에 붓칠의 손놀림을 쉬지 않는다

가을의 마음이 묵묵한 편지를 쓰면
그 안에 쓸쓸함이 고독이 몸부림치고
그리움들이 모여 가을바람을 훑는다

이별은 늘 손끝에 있는 것을
길목마다 굽어진 사연을 남기는
바람이 등에 업어 나르는 가을 편지가
연민 가득한 눈빛으로 내 무릎에 앉는다
가만히 보듬는다, 곧 나의 사연이기에

만남

다시 만나야 한다
시간 속에서 뒤틀린 모습일지라도
우리는 여전히
아름다운 관계의 친구니까
있는 그대로 만나야 한다

미래를 향한 목표가 달랐어도
그늘진 웃음의 뒷골목일지라도
웃는 모습은 꽃일지니
망설일 이유가 없지 않는가

살아 있는 향기 그것만으로
아름다운 만남의 골에서
모락모락 이는 향기만으로 서로를 세워줄 테니
가벼운 꽃잎 물에 뜨는 한 폭의 그림처럼
우리는 언제 어디서든
가볍게 향기 날리며 만나져야 한다

동살빛 하루의 시작에도
해넘이 노을빛에도
우리는 만나야 하는 아름다운 관계
친구라는 이름으로 만나야 한다

마로니에 겨울 속 공원
세월 지나 젊은 피가 끓지 않아도
따뜻한 손 잡고 봄처럼
겨울 속 걷고 싶은 우리는 만나야 한다

말의 맛이 부르는 온도

우리가 건네는 말엔 온도가 있어
말은 따뜻한 벽난로이기도
사랑의 화톳불이기도 하지만
말에 베이는 일이 다반사지요

말에는 맛이 있답니다
쓰기도 달기도 하답니다
살리는 맛이거나
죽이는 맛이거나
그 맛은 달콤 살벌 하지요

오늘도
내 쏟은 말은 누군가를
따뜻하게 했을까
가슴 시린 상처 안에
웅크림으로 남았을까

아첨하는 말
이해되지 않는 말
마음에 없는 빈말은
더 더 싫다고 마음에 말해요

살갗 시린 겨울을 만드는
차고 아픈 말은 싫어요
서로의 사랑 맛을 데워내도록
말의 온도를 높여요

초겨울의 중년

산허리에 걸린 볕이 좋아
가볍게 산책길에 나섰다
가까운 둘레길 따라
가을 끝자락과 겨울 사이
계절의 틈새를 걷다가
지인의 반가운 기별을 받았다

기분 좋은 에너지가 충전된다
내친김에 한 바퀴 더 오르내렸다
다리가 후들거려 시계를 보니
족히 두 시간은 걸었다

볕이 앉아 있는 벤치에
기꺼이 몸을 맡기자
나뭇잎들이 우르르 몰려와
발목을 감싼다
바스락바스락 나를 토닥인다
나무들이 겨울잠에 들기 전에
벗어 놓은 옷자락 소리다

바스러지고 어떤 것은 찢겨나가고
어떤 것은 반쪽만 남았어도
이어온 시간 속엔 초록 향기가 보였다
한 잎 주워 들여다보니
내 손등이 보인다

내 나이의 탑이 몇 층인가
어느새 계절의 톱니바퀴가
겨울이 왔음을 실감케 한다
외투 하나 걸쳐야 겠다
초겨울 중년인 삶의 여정에

살다 보면 · 1

살다 보면 참 황당한 일
뜻밖에 마주하고
엉뚱하게 놀랄 일 일어나지요
내성이 옹이처럼 생긴 것 같아요
몸과 마음이 부실해설까요
자꾸 놀랄 일이
겹치고 쌓이는 것을 보면요

몸살이 오면
일주일은 예사로 고락을 함께 하는군요
견디다 못해 병원을 찾았던 날
wc에 들러 볼 일을 보던
중차대한 시간에
갑자기 도어가 열리고
안에 있던 나는 어머낫! 하며
놀라 소리치고 말았어요

나이 든 미화 아주머니가
쓰레기봉투 끌고 들어오더니
화장실 휴지통을 비우고
유유히 사라지는 것 아니겠어요
미안해요 한마디를 지렁이처럼
길게 남겨졌지만 놀란 내 가슴은
따로 진료를 받아야 할 만큼 놀라버렸죠

아이가 저만치 달아난 상태로
몸살에 대한 진료를 마치고
데스크로 가서 민원을 작성하자
직원이 건너다보면서
이분 해고당할 겁니다, 하는데
화장실에서 놀란 가슴보다
가슴이 더 세차게 뛰는 통에
민원 취소하고 뒤돌아섰지 뭐예요

살다 보면 나만 놀라는 것도 아닐 텐데
왜 이렇게 내 가슴은 아프고 서럽고
애통하고 자주 놀라는 걸까요

살다 보면 · 2

집 앞산을 천천히 걸었다
초록이 무성한 숲이다
내 키의 곱절이나 큰 나무와
무릎을 구부려야 볼 수 있는
올망졸망 노랗고 예쁘게 핀 들꽃
눈을 마주치자 바르르 떨며 반긴다

이 떨림은 화장실에서
황당했던 놀람에 콩닥콩닥 뛰었던
심장 소리와 전혀 다른 떨림이다
아주 평화로운 박동수였다
점점 느긋해지는 심박수를 느끼며 생각한다

냉혹한 겨울 지나 봄이면
여지없이 꽃대를 밀고 올라오는 자연의 힘
비바람 폭풍 여름 가면
초록 잎 갈잎으로 잘 익어
툭! 떨어지는 찰나
시간 속 공간 영원으로 바꿔 가는
나무에 귀 기울이다 보면
분명 교감 되고 존재하는 근원의 힘을 본다

여정의 길 한 부분 모퉁이들이
채석처럼 쌓여 인생이라는 삶이 되는 힘의 근원
살다가 보면 어느 방향에서
돌풍이 일어날지 예상치 못하지만
한 사람은 곧 소우주라 일러주신
스승님 말씀을 떠올리며 마음을 다스린다

가을 안부

쪽빛 하늘 높고 풍요로운 가을 길
바스락바스락 낙엽 부서지는
시린 바람 소리

안부를 묻고 산다는 사람이 있다는 게
얼마나 다행한 일인지
안부를 물어오는 사람이 어딘가 있다는 게
얼마나 소중한 일인지

흉흉한 세상의 바람 소리에
어둠 속에 먼저 떨며 살다가
사람 냄새 그리운 가을날

세상 어딘가에 나의 안부를
물어 주는 사람이 있다는 것이
얼마나 소중하고 가슴 떨리는 일인지

사람이 사람에게 상처도 받고
그 상처 또한
사람에게 치유될 수 있다는 것을
깨달으며 산다는 것이
얼마나 어려운 일인지

가을 안부를 묻고 싶다
국화 향기 코 찌름 늦가을 끝자락
내가 아는 모든 사람에게
그 이름을 또렷이 호명하며

가을 너 참 예쁘다

하늘빛 맑고 곱던 날
갈바람 상쾌한 냄새 계절의 바뀜으로
나무들이 건네주는 아늑한 변화를 보면서
낙엽 한 잎에 여유를 느껴보는 아침

꽃잎에 스쳤던 바람
그리움이 들어찬 마음자리
낙엽 지는 가을날 인생의 쓸쓸한 기운에
위로하는 가을 여운

가을을 팝니다
고독은 덤으로 드립니다
시월의 멋진 날을 선물합니다
따사로운 햇살과 가을빛 진한 갈색 향기
깊고 넓은 청명한 가을 하늘까지
가을 너 참 예쁘다고 칭찬하면서

2부
고맙습니다

시간의 향기

물속 못난 돌멩이
아름다운 청량한 소리 내듯
너와 나 각양각색
다양한 사람들 살고 있어
세상은 아름답습니다

채소의 연둣빛 새싹
과실 나무꽃 향기
보이는 곳이나 보이지 않는 곳에서
묵묵히 자신의 일을 하는
사람들의 향기

오늘이라는 하루가 당신에게
최고의 선물이기를
작은 기도 모듬으로 드립니다
두 손 모아

고맙습니다

사람을 만난다는 것
참으로 소중한 일입니다

거기에 인연이라는 말이 더해지면
소중한 일입니다

최선을 다하지 못한
아쉬움과 후회의 무게만큼
고맙다는 말만 하고 살겠습니다

인생을 살아가는데 가장 중요한 것은
나를 믿고 사랑하며 내 인생 주인으로
참다운 인생을 살아가는 것
감사와 고마운 마음으로
행복하게 어우러져 사는 것입니다

삼월에 눈 맞다

느닷없이 내리는 눈
세상 하얗게 덮어버리고
금방이라도 나의 허물
남김없이 들켜버릴 듯 싶네

몸은 나이 들어 노을빛으로 붉은데
세월을 어디로 가셨는가
세월은 몸을 해부해 챙겨가고
자꾸 졸아드는 양분으로 겨웁다

눈 오는 아침 길 공기는 상쾌하고
하얀 눈 세상을 내달리는 즐거움에
온종일 좋아라 3월을 누볐다

공기 들이키며 소나무에 쌓인 눈에게
눈 한쪽 찡긋 사랑 보내며
한 잔의 커피 맛에
일상이 감사하고 특별해졌다

참 고맙다는 인사를 보냈다

웃음 성형

하 하 하 3초 웃음
냄비 사랑이어도
가장 강력한 힘이 있다
효과 또한 진국 중 진국이라
AI 시대의 최고의 성형술이다

그대로의 모습에
근육만 움직이면 절로 꽃이 된다
그냥 3초만 웃으면
꽃이 피어나 향기가 진동한다

사랑과 행복은 덤이다
값이 전혀 없고 간편하고
시도 때도 없이 사용하면 효과는 무한대
단 부지런해야 성형이 완성된다

냉잇국

꽃샘추위 매섭다 해도
봄은 봄이라고 외치네요

부드러워진 텃밭의 냉이가
고랑마다 고개 내밀고
대지와 가장 가까이 밀착되어 볕을 쬐더니
파릇한 향기로 불러내요

호미로 뿌리째로 뽑아
흙을 털어내고
한 바구니 담았어요

뿌리도 굵고 빳빳해 살짝 데쳤더니
냉이의 환골탈태에 탄성이 절로 납니다
초록 잎은 향을 뿌리고
뿌리는 백옥 살빛을 뽐내네요

뿌리가 부드럽고
눈부시게 예쁜 냉이에 멸치 육수를 내어
냉잇국을 끓였더니
밥상 위로 봄 봄 봄이 앉았어요

자연의 일품 선물 냉이로구나
냉잇국 한 수저 뜬 남편
몸 튼튼, 마음 튼튼, 입 튼튼
우리 부부 사랑 튼튼, 행복 튼튼
자연인이 따로 있나
냉잇국 한 그릇에
봄과 한 몸 되어 봄부자 되었네요

봄비

몇 번째 봄비일까
이 비는 어느 샘에서
나그네를 만나 즐거워하다
녹색 줄기 사이사이로
보석처럼 오시는 걸까

톡톡 튀는 봄으로 빚는 솜씨가
영롱한 일품이다
가슴골에 실안개 피어나고
설렘은 붓도 없이
하냥 색칠 당하고 만다

부드러운 미풍
때론 뜨거운 회오리
어느 땐 매운 폭풍으로
봄을 부르는 그대의 혼의
고향이 어드메요

달콤한 입맞춤을 남기고
달아나려는 감흥을 붙잡으니
난 순간 눈물 예쁜 사람이 되고
안구를 밀고 들어온 그댄
촉촉한 이슬로 맺힌다

봄을 만난 사람

봄을 기다리는 사람
봄을 마주하는 사람
봄을 만나기 위해 인내한 사람
이런 사람은
좋은 옷 값비싼 옷을 입지는 않아도
가장 따뜻한 사람일 거예요

그 가슴은 피안의 탑처럼 높고
봄꽃 무리들의 시샘만큼이나
뜨거운 가슴일 거예요

결코 화려하지 않아도
시린 겨울 묵묵히 이겨낸
가슴의 색은 연둣빛 새싹일 거예요

그런 사람은 봄꽃 마음일 테지요
세상을 지켜내는 봄 사람일 거예요

바람과 구름도 꽃물이더라

맑은 물이 산 그림자 깊이 품고
산이 높아 깊은 물 푸르듯
삶의 풍경 늘 그랬으면

노을빛 강기슭 인연의 글벗
맵고 시리더라
달빛에 취하면 별빛도 삼켜
시간의 무게 빚어낸 언어의 조각들이
발광하며 풋풋한 가슴앓이를 시작하면

훗날
누군가가 삶이 바람이냐고 물으면
그렇다고 끄덕이고
누군가가 구름이더냐 물으면
바람과 구름은 꽃물이더라
거침없이 답하리

비가 내리면

비가 시인의 시처럼 내립니다
창문을 열어 시를 감상합니다
빗방울 소리와 함께
비 젖은 풍경이 시야에 가득 차오르며
나를 시상이 세계로 손잡아 이끕니다

후드득후드득 부딪치는 절규는
내 삶이 지어내는 시입니다
빌딩 숲의 열정 욕망을 삼킨 채로
숨 고르는 시의 숨입니다
나는 절로 시인으로 등극합니다

그 모습에 오늘은
신명이 오르고 흥이 납니다
저만치 보이는
잘 다듬어진 소나무 가지에
도회지의 인공 먼지가
한줄기 시의 숨으로
씻겨지는 소리가 정겹습니다

비가 시 되어 내리면
내 안에 숨어 있는
날카로운 언어의 모서리를
씨실 날실로 엮어냅니다

마음 선물

보이는 것
보이지 않는 마음으로 가는 배려가
푸른 숲 바람이다

칼바람 앞에 맞서 우뚝 서주는 것이다

거목이 아니어도 묵묵히 자라서
그늘이 되어주는 것이다

헐벗어 나를 내치는 것이 아니라
해 걸음, 발걸음, 달 걸음 걸어
병풍처럼 바람 막아 주며
뙤약볕 가려 함께 하는 것이다

촛불

우리는 오늘 태어났고
오늘을 살아내다
오늘에 서 있어요
그리고 떠날 때가 오늘이겠죠

오늘은 최고의 선물이죠
새벽 먼동부터 삶의 촛불은 요동치며
혈맥을 뚫고 살도록 오롯 살도록
하늘의 힘을 가져오죠

각기 각자 하는 일은 달라도
하루라는 불 밝혀 자신을 태우는 사람들
온종일 몸을 태워 하늘로
사람들의 소원을 실어 나르죠

밤에만 태우지 않아요
무의미한 시간이란 없어요
누구에게나 생은 간절하니까요
생은 자신을 태우는 촛불이죠

웃음 충전소

잠시 멈춤 하셔서 충전하세요
충전 머니는 웃음입니다

바쁜 출근길 기운 충전
나른한 점심 상큼한 활력 충전
지친 퇴근길 따뜻한 마음 충전

가득 넣었습니다
언제든지 들려주세요
연중무휴 웃음 충전소
내 것을 채우는 삶이 아닌
다른 사람의 마음 채우는 일입니다

그것만으로도 충분합니다
따뜻한 미소
마음이 담긴 한마디면

마음의 근육

마음에서 병이 오고
마음에서 병을 고친다고 합니다

좋은 일 있을 거라는 믿음
믿음과 확신에 집중하는 것
세상이 나를 움직이는 것이 아니라
내가 세상을 움직이는 것

겨울을 건너뛰어
봄이 오는 법이 없다죠
나목 위 하얀 눈꽃 소복이 내려앉아
한 줌 햇살에 꼼지락 언 발 녹이며

봄날
녹색 꿈 희망
마음의 근육을 움직여
천지자연의 순리와 지혜를 배우는 나빌레라

바로 나

세상 모든 것은
나로부터 시작되었지
이 순간 살아 있기에
그토록 바라던 시도 쓸 수 있잖아
지나온 행위도 분명 나였지만
나의 그림자가 지켜본
오늘의 나야
오늘의 걸음 내일의 그림자

어쩌면 죽음이란
나와 가까이 동행하다 보면 알게 돼
사랑의 감사함과 고마움을
모두가 흔적을 남기고
돌아 나왔던 흔적을 찾아
이 세상 떠나는 것인지도 모르지

가까이 선명함보다
높이 멀리 더 높이 더 멀리 추구하다가
곁의 소중함을 잃게 되는
우를 범하진 말아야 했음을
선명하게 알아버리게 되더라고

지금 바로
내 앞에 놓여 진 따뜻한 차 한 잔
참 행복 그대 그리고
바로 나 이것을 누릴 수 있는 자
극락도 천국도 차지할 자격이 주어짐을

순간이 기적

죽어본 사람은 압니다
죽었다가 다시
살아 돌아온 사람은 압니다

죽다 살아나면
세상이 새롭다는 것을요
시간이 금이고
사람이 꽃이라는 것을요

인연의 소중하고
귀함을 알게 되고
황금도 좋지만
건강만 못하다는 것을요

그땐 정말 내가 정답이고
상대가 오답이었다는 것을요

자고 나면
새날 새 아침 매일이 소중하고
살아 있으니 특별한 날이고
새날이라는 것을요

열심히 배우고 귀 기울이고
사랑할 걸 하면서 후회하지 말고
지금 사랑합시다

언제든지 꽃봉오리일 수 없고
활짝 핀 꽃일 수도 없으니
언제고 떨어져도 어여쁜 꽃으로 집시다

말합니다

상쾌한 아침이 말합니다
살아서 감사하다고

거울이 말합니다
나처럼 웃어 보라고

꽃은 말합니다
나처럼 웃어 보라고

시간이 말합니다
소중한 하루 아낌없이 사랑하고
행복 하라고

다시 살았습니다

죽어봤습니다
그럼에도
나는 아직도 살아있고
기어이 살아냈습니다

아직은 봄날 속살처럼
한없이 연약합니다
마치 봄을 맞는 연한 새싹처럼요

제 전신에 생명의
연서를 다시 쓰기 시작합니다

가시연꽃을 만나고
쉬어 가는 바람처럼
내 생명을 향기롭게 되살립니다

나의 인연들에게
이 소중한 소생의 힘을
나누어 드립니다

고독을 빚는다

고독은 그냥 내버려두면
점령가가 되고 결국
정복의 깃발을 꽂는 용사와 같지요

고독에 맞서는 능력이야말로
이별과 죽음을 부르는
갖은 스트레스를 극복하면서
맞서야 할 때가 반드시 있거든요

내면 깊숙한 곳에 자신을 만날 수 있음은
거대한 축복이지요

그때 나에게 미처 하지 못 한 말
누구나 걷잡을 수 없는 고독을 이겨내면서
쌓고 쌓은 경험 싸울 무기가 되고
방패가 되거든요

주변에 아무리 좋은 사람이 많아도
걷잡을 수 없이 고독이 지쳐 들면
일상에서 잠시 쉬어 가라는
몸과 마음에 보내는 신호가 켜진 것이지요

고독과 싸우지 말고 즐겨보세요
내면 깊숙이 살아서 요동치는
자신과의 만남을 꼬옥 안아주고
쓰담쓰담 도닥여 주시자구요

중년

삐그덕삐그덕
여기저기서 불길한 소리가 납니다
어긋나기 시작한 모양입니다

수십 년 쓰고 나니
세포들의 숫자가 줄고
뼈들의 사이는 간격이 좁아져
아우성치는 소리입니다

평화를 외치며
광장에 모여 연주회를 열었던
푸르렀던 청년의 몸은
어디로 갔을까요

순리로 받으라는 스승님 말씀
귓등으로 흘려내고
간신히 목 넘긴 물맛이
바닷물처럼 짭니다

사람의 목숨이란 것이
숨 한 번 목에 걸리면
떠난다는 것을 목전에서 경험하면
금은보화로 휘감은들
안개로 허공에 집 짓는 것임을 알지요

지혜의 눈으로
정갈한 마음 받들어
숨 고르며 내 몸에 일어난
소란과 아우성을 가라앉힙니다

감기몸살로 입맛 잃고 식욕 잃은 나를 위해
텃밭 가꾸어 채소 돌보던 남편이
야채 죽을 끓여 놓고 출근한 남편의 뒤를
고마운 마음이 화급히 쫓아갑니다

가을 전령사

가을은 참 부지런하죠
우선 가을부터 쪽빛으로 염색을 시작하죠
그래야 사람들은 한 줄의 글이라도 더 읽거든요

가을은 참 영리하죠
추수를 담는 곳간을 설계해 두었잖아요
사람들의 수壽를 위한 셈법을 가동한거죠

가을은 먼저 전령사를 보내요
곧 도착한다는 기별을
벼의 고개 숙임으로 알리죠

사람들은 벼가 익을수록 고개 숙인다며
그 모습을 닮아 겸손해야 한다고 아우성이죠
가을이 사람들을 위한 배려라고 하네요

3부
이별의 꽃

이별의 꽃

그래
이제는 낙엽으로 산천을
곱게 색칠을 끝냈으니

바람결에도
곱게 무늬져
가슴 골골 골짝마다
흔적 남겼으면 된 거지

이별하자 손 흔들거나
또 오마 약속 남기거나
책갈피에 나를 넣어두면
언제고 두둑한 밀회를 즐기리

혹한 겨울
문턱을 넘어갔어도
알록달록 색칠로 가꾼
너의 미친 열정으로
쉬 잠들지 못할 일이오만

이별은 또 다른 만남인 것을
또 새로운 시작인 것을
앓고 앓다 몸져누워 있으면
그대 속히 찾아와
이마에 손 얹어 붓을 들겠지

산국

그대의 작은 체구에서
순수한 사랑과 큰마음을 읽습니다

이보다 저 좋을 수 없다는
인생의 철학을 묵묵히 강연하는군요

진한 갈색 바람이 지나갔어요

비탈지고 외진 산길이어도
마다하지 않고 노란 웃음을 뿌리면
나 어쩌자구요

여기에 나 묶어두면 어쩌자구요

사랑

어떤 날은 가을처럼
절로 글이 익어가고
어떤 날은 겨울처럼
주머니 속에서도 손이 시려요

어떤 날은 알맹이 없이 축 처지고
어떤 날은 봄날처럼 생기가 물씬거리고
날씨처럼 마음처럼 변덕스러워도
그 안에 식을 줄 모르는
사랑이 있다는 걸 알기에
너도나도 우리 모두
사랑 노래를 부르는 거죠

그 사랑 후에

멀기도 하고
가깝기도 했지요
따뜻하기도
차갑기도 했지요

지나간 시간
공유할 수 없어도 알 수 없는 미래
나눌 수 있는 희망이
갈등의 강물을 휘저었지만요

다행이기도 아쉽기도 했지요
나 홀로 피고
나 홀로 시들고
사랑할 수 있었고
헤어질 수도 있었고
견딜 수도 있었고
후회할 수도 있었지요

사랑의 결말은
늘 혹독하지만은 않지요
때론 얼음 맛이기도 하지만
한겨울에도 우린 얼음 맛을 즐기잖아요
손과 발 마음 까지

따뜻해지는 사랑은 이렇게 알아가는 거죠
혹독한 얼음 맛 사랑 후에

커피 한잔의 행복

후루훅 단숨에 마시면
커피가 싫어합니다
천천히 음미하는 인생에게만
감추어진 신비한 커피향을 준다는군요

초콜릿 향기를 머금은 커피
꽃향기를 가득 담은 커피에서
여유와 사랑을 느껴봐요

행복한 하루를 열고 닫는
커피 한잔의 행복을 맛보세요

길

하늘만큼 가없는 바다와
바다 깊이만큼 가없는 하늘이
나란히 입맞춤으로
문을 열고 들어온다

가끔은 서로 비껴가거나
조심조심 조바심 속에서도
부딪힐 수 있음인데

누구나
날 때와 죽을 때를 달리하는 까닭에
꽃과 꽃처럼 아름다운 이에게
가는 길은 참으로 이 길밖에는
다른 길은 없다 한다
이 길의 방정식은 참 어렵다

오늘

우연히 같은 공간에
커피를 마시고 있었네요

그댄 여인과 데이트
나는 가족들과 외식 후
차 한 잔 마시러 들어간 곳
3층으로 꾸며진 대형 카페였어요

2층 한쪽에 코인 노래방 있어
어머나! 궁금증 발동한 바람에
손녀들과 구경 중에
나를 바라보는 낯설지 않은 느낌이었죠

노래방 바로 앞 테이블 커플
어색해하고 당황한 모습과 마주쳤죠

나는 웃음이 났습니다
넓고도 좁은 세상
가을비 쏟아지는 밤
생각하면 재미있는 세상입니다

내가 좋아하는 비님까지 오시는 날
오붓하게 가족과 함께
하하 호호 행복했답니다

말없이 흐르는 강물처럼
돌멩이도 스쳐 지나고
바람도 품어 유유히 흘러
한 줌 햇살 받으며 반짝이는
흐르는 강물 위 윤슬이 흔들리고 있어요

바람 불면 부는 대로
비가 오면 물 위에 물수제비 그려
동심을 불러 미소 짓게 하는
강물의 지혜 알아가며
아름다운 강가 노을처럼
누군가의 발길을 잠시 멈춰
쉬게 하고 싶은 오늘입니다

오늘 비가 날 좋아해서 곁을 지킵니다

사람이 꽃보다 아름다운 이유

나는 늘 내가 꽃이라고 생각합니다
거울을 볼 때마다 꽃이더군요
꽃밭에 앉았어도 내가 예쁘지요

내 인생 삶의 길이 고단해서인지
내 가는 길이 연약하여
자꾸 넘어져서인지 몰라도

이런 나를 책임지며 묵묵히 걸어 내서인지
내 모습은 꽃 중에
그 어떤 꽃보다 아름답습니다

사랑하는 사람의 행복한 모습이 보입니다
내가 꽃임을 알고 난 후
혼자는 외롭다는 것을 알겠습니다
홀로는 깊은 성찰의 여행 중이라는 것도

마음과의 만남이 꽃이 될 때
사람이 꽃보다 아름다운 이유입니다

의심의 양면성

그냥 좋은 것이
그냥 좋은 것만 아니다

그것이
너도 좋고
나도 좋은 것이 아닐 테지

그냥 그렇게
좋았던 마음만은
서로 인정하는 거지

된바람 지나간 자리에서
훌훌 일어난 인연이 있지

붉은 실 푸른 실은
연인을 묶는다지만

바람이 떠난 자리에 남은
슬픔으로 엮인 인연은 사절이야
아픔으로 엮인 인연도 사절이야

아침 길

어제도 오늘이더니
오늘 또 오늘이다
아침에 길을 나선다
회색 구름이 하늘을 덮었다
싸한 바람이 옷깃을 여미게 한다

조석으로
변덕스러운 날씨가 심하다
오늘이 합해진 요즘
독감이라는 방해꾼이 자꾸 성가시다

그럼에도
하늘은 높고 푸름이
한 폭의 수채화처럼
예쁜 이 가을날을 선물해 준다

어디론가 훌쩍 떠나고 싶은 마음에
운전대를 잡은 손을 톡톡 두드리다
가던 아침 길을 가기로 한다

아름다운 색으로 나뭇잎이 물들듯
힘든 일보다
좋은 일이 있기를 바라면서
가던 아침 길이 시리다

행복

햇살 가득한 오후
유리창 저 너머 세상은
오늘따라 유난히
눈부시게 환하기만 하다

마음이 새로우면
날마다 새날이라는 스승의 말씀은
매일 매일이
새롭고 설렘으로 빛나게 한다

스승의 힘은
살아있음을 자각하게 만들고
숨 쉼이 기적임을 깨우치면서
이 기적이라는 시간 속
삶의 이유를 적는다

하얀 백지 위에
썼다 지웠다 끄적이다
삶의 이유를 끌어나간다
스승의 얼굴이 백지 위에서
스러지면서 행복을 두고 갔다

사랑과 이념 사이

사랑은 이해로부터 시작하지요?
그런데 한반도 사랑 법은
이념이 들어가면 다 깨져요

부모 자식 간 사랑도
형제자매 간 사랑도
나와 내 남편의 사랑도
이념의 영향을 받곤 해요

입장 바꿔 생각해보자는 건
이념 앞에서 통하지 않죠
어쩌다 우린 이렇게 되었을까요

개인사에선 잘도 사랑하고
잘도 헤어지는데
이념 사랑에 한 번 빠지면
사랑에 목숨을 겁니다

자기의 이념 사랑 법에서 비껴가는 사람은
증오하기 일쑤이고 웬수 처럼 대하지요

누가 그러더군요
민족이 DNA라구요
정말 그럴까요

이념이 손잡고 화해하고 포옹하는
사랑 법은 이 세상에 존재할 수 없는 것일까요?

극한 직업 관람후기

극한 상황
극한 직업
극한 행위

극한이란 단어가
전두엽 정중앙에 꽂혔다
평생에 한두 번 경험할 수 없는
짜릿한 경험이 신선한 충격으로
충격적인 추억으로 각인 되었다

옆지기 남편이 출장을 간다기에
모처럼 누리는 여유를
심야극장 극한 직업에 심었다

자유부인으로 신분 상승해서
평생에 단 한 번에 머무를지도 모를
자유로운 호사를 누리는 맛이 호화롭다

앞으론 남편이 집에 있어도
깐깐하게 챙겨볼 심산이면서 눈치가 보인다

왜
뭣 땜시
뭣이 중헌디

아내란 자리를 지키는 것이
때론 극한 직업 같다

돈

만지고 싶다
참말로 너를 만지고 싶다
쌓아두고 감상하고 싶다
요즘 너 보기 정말 쉽지 않다
너 대신 나타난 편리한 카드가
내 지갑에 몇 장 들어있어도
내꺼 같지 않은 너

선물 받은 상품권도
분명 너와 무게가 같은데
난 현금을 세고 싶다
수표는 종이 쪼가리 같고
현금이 너 자체이기에 좋은데 말이다

다들 카드를 사용해서 물건을 산다
주인장 손에 돈이 쥐어지지 않은 지 오래다
카드기에 꽂아서 카드로 계산이 되면
난 왜 허하고 돈 같지 않은 걸까

편리한 카드와 돈의 가치와 무게를
생각하면서 너를 그리워한다
돈, 너를

문학관 여행기

글벗으로 엮인 좋은 인연
한계령 찍고 미시령에 닿았다
에어컨보다 차가운
시원한 바람이 맞는다
온몸과 마음을 청량함으로 샤워한다

맑음으로 백담사 일주문 통과
낮 길이가 제일 길다고 하지
좋은 기운 받아 인제골로 들어서서
박인환 문학관에 입성했다
목마와 숙녀 낭송 들으며 울컥 진한 감동
눈가 촉촉하고 젖은 여운 품 안에 보듬는다

박인환 시인 박물관 흔적 눈에 담고
가슴에 담아 흠뻑 취해 돌아오는 길
핸들 잡은 시인님 밝은 모습에
밀리고 밀린 귀갓길도 즐겁다

미시령 시원한 바람이 내일을 모레를
행복 품고 살게 할 것이다
오래 아주 오래 추억의 보고에서
빛날 문학관 여행길

이 가을

어느덧
선선한 바람 따라
초록이 빛바랜 자리에
가을이 사뿐 내려 앉는다

하루가 다르게
뚝뚝 떨어지는 가을 길
깊이 골 패인 질곡의 세월
갈바람이 눈가를 씻겨주니
풀잎에 맺힌 영롱한 물방울이 보인다

오늘 아침 눈물겹도록 그대가 그립다
연못 위에 떨어진 꽃잎이
그대를 그리워하는 마음 같다
비바람 맑음이거나 흐림
자연의 역동에서
생명의 힘을 느낀다
코로나19 팬데믹은
세상을 향해 가르침을 베푸는 회초리

남한산성에선 연 날리는
손끝에 평화를 염원하는 마음들이
하늘 높이
이 가을을 향해 날았다

국화차

차 한 잔에 가을이 들어앉았다
예쁜 국화꽃 한 송이
찬 기운 담뿍 서린
가을바람 한 자락 끌어안고
편안히 앉아 있는 환한 유리잔
뜨거운 물 속에서
고단한 몸을 풀고 있다

고즈넉한 산길 산모롱이
짧은 햇살에 걸터앉은 감나무가
함께 마시자며 그림자를 늘여오고
어느 별에서 만난 심성 고운 만산홍엽도
가을 국화 향을 견디지 못하고
찻잔 곁으로 모여든다
은은한 향기 노오란 국화차가 웃는다

가을풍경

가을 하늘과 대지 한 폭의 명작이다
그 매혹에 한껏 취해 물들어 버렸다
가을 풍경이 나를 자빠뜨렸다
가을 저 품으로

붉은 맨드라미가
순록의 뿔처럼 깃을 세웠다
바람에 날아온 씨앗 떨어진 곳에
빼어난 해바라기
한여름부터 큰 키 자랑으로 바쁘더니
심장을 익혀 검게 영글었다

분꽃은 진분홍빛 립스틱을 발랐다
보랏빛 도라지꽃은
도라지 타령을 부르는데
그날 그 곱던 내 친구의 얼굴은
어느 하늘 아래서
나처럼 가을에 취해 있을까

텃밭에 복숭아 박색이어도
달달하고 아삭한 맛이 일품이다
봄날의 복사꽃 향기
너랑 씨름한 여름의 시간
짙은 너의 향기에 취하다 취하다
문득 물들어 버린 포도송이
그대의 선량한 미소를 닮았다

가을 논두렁 벼가 살찌는 소리에
호박꽃이 웃는다
그리움이 한꺼번에 달려들어
내 마음 살 오르는데
덩달아 살찌는 가을 풍경

은빛 동행

설화를 피우던 날
빙화도 피어나네요
함박눈은 잊을만하면
첫사랑을 찾아오나 봅니다

소복소복 누군가를 부르며 쌓이더니
나목의 몸에 새하얀 솜옷을 지어 입힙니다
저 나목이 첫사랑일까요

아름다운 침묵의 눈꽃 피어
천지가 온통 은빛이군요
나는 작은 뜰 동산에 올라
함박눈이 찾아온 첫사랑의
흔적을 찾으려 은색의 나라로 듭니다

내 떠나는 날도 저리 빛나는
하얀 눈길이 펼쳐지길 염원하면서
사뿐사뿐 밟으며 은빛 동행을 합니다

사람이 풍경

소복소복 하얀 눈이 내려오면서
무슨 말 할까 무슨 말 할까
아이들이 어렸을 때 불러주던 동요가
어디에 들어 있을까
소중히 찾아내 눈길 위에 동요를 심는다
흥얼흥얼 심어보고 뿌려본다

"하얀 눈 위에 구두 발자국
바둑이와 같이 간 구두 발자국
누가 누가 새벽길 떠나갔나
외로운 산길에 구두 발자국

바둑이 발자국 소복소복
도련님 따라서 새벽길 간다
길손 드문 산길에 구두 발자국
겨울 해 다 가도록 혼자 남았네"

눈꽃 구경 흠뻑 취해서 동요를 흥얼거렸다
눈들이 나의 흥얼거림에 함께 노래한다
이런 날이면 커피 한잔 하실래요
따뜻한 초청을 받고 싶은 날이다
차 한 잔 나누면서 풍경이 되고 싶은 날이다

4부
바람 색이 있다면

초록이 기도하는 것을 보았는가

사람에게만 종교가 있을까
사람만이 기도를 하는 것일까

난 가끔은 초록 색깔의 기도를 듣는다
결코 가볍지 않은 기도

억겁의 헛된 삶이 아닌
성장과 회복과 희망과 소장을
가득 담은 기도 주머니가 있나 보다

초록의 기도가 울려 나면
더 짙어지고 푸르러진다
슬픔과 고통 상처에 대한
위로와 치유를 기도한다

푸른 하늘로 화답하는
기도의 답이 온 산야에 댓글로 달린다
푸른 가지들이 푸른 잎들이
꽃들의 개체들이
벌레들이 합창하면서
숲속이 화려하게 시끌벅적하다

마침내 윤회의 평화가 고요하다

봄의 태동

작은 텃밭에
봄의 꼼지락거리며 태동을 시작했네요
여기저기 입술을 내미는 연두와 초록이
시합을 시작했네요

뾰족하게 솟아나기
납작한 잎으로 퍼져 나기
서로서로 이슬 먹겠다고
새끼 새처럼 이슬을 빠는 입술들

이 사랑스러운 태동에
계절의 신을 우러르게 되네요
볼을 스치는 이 바람을 어째요
내 심장에도 봄이 태동 되고 있어요

바람 색이 있다면

난 여지껏 바람의 색을 몰라요
연둣빛이 흔들리면
연두 바람이 부는구나
분홍 꽃잎이 흔들리면
분홍 바람이 왔구나
새하얗게 파도의 포말이 일면
새하얀 바람이
파아란 바람과 합방을 했구나
초록 숲이 흔들리면
초록바람이 부는구나 했더랍니다
그렇게 흘려만 보내다 잡은
잡아버린 바람의 색이 있어요
바로 이승이란 나라의
풍경의 모든 색이랍니다
누려봐요 눈으로 마음으로
보이는 모든 색을 마음으로
느껴지는 모든 색을
사랑에 빠지고 말았어요

오월

오월처럼 바쁜 달이 있을까요
싱그럽기 위해
꽃 피우기 위해
바람결에 실어 분가시키려고
오월은 분주하고 또 분주합니다
오월엔 마음에도
바쁘게 꽃들이 피어나지요

사람에게도 오월은
바쁨의 꽃을 피우게 합니다
어린이날
어버이날
스승의날
부부의날
오월은 계절의 왕이라며
가정마다 왕노릇합니다

행복해지기

남에게 상처 줄 수 있는
말은 하지 말아요
괜찮은 척하여도
마음으로 울지도 몰라요

나를 무조건 이해해 주길
바라는 마음은 아니 되지요

힘들 땐 누군가
토닥토닥 다독여 주면
더할 나위 없이 좋겠지만
당신은 그럴 마음을 보여주지 않는군요
나는 스스로 이겨내야 할
방법의 방법까지 연구합니다

어쩜 당신은 나보다
더 큰 고민의 무게가
있을지도 모르는 일
그렇다면 내가 다독여줄
방법까지도 찾아낼지도요

진실을 농담처럼
흘려보내지 말자구요
진심으로 나를 만나고 싶을 때
곁에서 손 닿지 못할 거리까지
멀어질 수 있으니까요

좋아하는 마음일 때
머리보다 가슴으로
나를 사랑하는 게 어떠세요
머리는 줄자처럼
되감겨지고 고무줄 탄성처럼
제자리로 간다지만
우리 사랑의 거리를 저리 두지 말아요

외롭다고 느낄 때
곁에 있는 나를 찾으세요
언제나 내 옆을 지켜주는 친구가
있다는 걸 알게 될거예요

세기의 기적

뭉치면 살고
흩어지면 죽는다는 명언은
지구를 벗어났다

팬데믹으로
뭉치면 죽고
흩어지면 산다

홀로라도 좋아라
살아있어 좋아라

자꾸만 축시를 쓰고 파요

오래 품어낸 꿈 이루어
문학에 입문한 벗님이시여
벗님의 기쁜 행보에 발맞추어 걸었던
한 해 돌아보니

님의 꽃등 밝힌 소식에
대찬 동지 추위도 온기로 가득합니다

듣도 보지 못했던
세상의 괴질을 이겨냈고
무더위 폭염도 아랑곳하지 않고
폭풍 폭우까지도
유난히도 힘든 시절이었지만

글공부 익히시고 매진하시더니
등단의 기쁨에 주봉을 꽂으셨군요
수고 많으셨습니다

문학의 혼불을 켜셨으니
시혼으로 온통 환해지겠어요
초심의 밝은 시심으로 건필 정진하시어
새해 신축년 꽃가지마다
님의 필력 해같이 빛나소서

봄 햇살을 초대하면

창가에 봄이 햇살을 앉혀놓고
나에게 쏟아지듯 애교를 쪼입니다

난 따뜻해 봄날의 햇살이잖아
가슴에 파고들어 전신을 애무하잖습니까

나른한 황홀이 게으른 황홀이
한 줌 볕으로 이렇게 연락宴樂을 누립니다

봄볕 샤워에 순간 모든 것을
말갛게 씻어내 말캉한 이 마음을
누구에게 전할까요
아까워서 어찌
전해줄 수나 있을지 모르겠어요

지쳤던 영혼이 일어섭니다
혼미했던 정신이 맑아집니다
봄볕에 그슬린 내 발 두 짝이 서슴없이
맨발로 춤을 춥니다

설중매

계절의 길목
몽우(濛雨)는
이른 아침부터 봄을 부르고
꽃웃음 매화의 사랑 향기는
하얀 눈 맞으며 설중매로
붉은 정 토해내누나

녹색 상처

통증 덩어리째 뭉쳐
견딤의 공간을 닫아걸었는데 밝다
견딤을 어디까지 길인지
투박하게 무식하게 버티어
통증 견뎌 넘어오다가
평화롭고 밝다

파도의 물결도
몸을 부풀리며 덩어리가 되어
살아선 못 풀 듯 껴안고 잦아지는
고요한 물결일 때도 있다
혼자 오들오들 떨다가
통증끼리 서로 비빈 훈김으로
서로 마음 붉어지는 온기

상처 자리 감추려 말자
아물고 나면 흉터 자리에
연둣빛 새살이 돋아
초록으로 잘 자라
그 어떤 바람도
살포시 끌어안고 품어보면
상처도 녹색 선물

꽃중년

눈길 닿는 곳마다
천지에 노랑이 가득하다
나는 멋스러운 꽃중년이다

샛노란 내게선 웃음이 배어 나오고
마음은 솜털처럼 하늘거리고
파노라마처럼 노란 물결 위로
난 정신과 혼과 얼을 눕히며
나란히 눕는다

그대의 공허함까지
그대의 허기까지 끌어안고서

내 부족함의 공간에
모자람을 둘 곳 없어
서툰 것을 둘 곳 없는데
서풍이 불어왔다

인생의 가을 길에 함께 가자며
서풍 덕에 난
성숙한 황금색으로 익었다

그리움

저 먼 대지 위
바람 불면 동산에 올라
너울대는 그리움의 그림자를 따라
그대와 함께했던 추억 곁으로 가면

강물같이 흘러가 버린 시간도
푸른 하늘 흰 구름처럼
바람에 실려 정처 없이 돌고 도는
순례자의 걸음으로
멀어져가기만 한 그대인 것을

매임 없는 그대 곁으로의
갈망을 담은 눈으로
멀리 저 멀리 바라만 보네

만남

시간은 마술처럼
사람의 겉모습을 바꾼다
시간과 중력이 만나면
궁합을 아주 잘 맞아서
하는 일이 만물을 익히고 익혀
쪼글이로 창조한다

시간이 부리는 재주는
셀 수 없이 많지만
만유인력을 지배하는 힘이다
시간에 순종하는 만유인력은
만유를 향해 무릎을 굽히라 한다

우리는 시간 안에서 만나고
만유인력 안에서 시간을 만난다
사이좋게 시간을 세고
진지하게 시간을 적고
공들여 세고 적은 시간에 맞춘다

우리의 만남은 그래서 더 위대하다
그 시간을 잘게 썰고 잘라서
주인처럼 쓰고 사니까

풀꽃을 헤아리며

보일 듯 말듯 아주 작은 꽃
핀 듯 안 핀 듯
내 모습을 닮았다

가련한 생명 살아있는 꽃으로
갖출 것은 다 갖추어
꽃으로 제 몫을 다하는 꽃
꼭 나처럼 닮았다

누가 보든 안 보든
그냥 때 되면 피고 지고
바람에 흩어지기도 하고 밟히기도 하고
햇살에 녹여지기도 하면서
어쩌다 겨우 눈에 띄기라도 하면
어머나! 꽃이야 꽃이었구나
누군가 날 반갑게 맞아
인사해 주는 들뜬 소리구나

어쩌면 이 한순간을 위해
우린 꽃으로 피어
이 자리에 있는 것일지도 몰라
귀하고 소중한 꽃임을 너를 만나고
나는 깨닫는다

가을 연민

무더운 여름
이별 후의 휴식은 달콤하다
가을이란 이름에서 느껴지듯
영혼은 무의식적으로
가을을 기다리고 사랑하면서
심한 몸살을 앓지 않던가

커피가 세상에서
막대한 영향을 미치기 시작점에
가을은 커피를 마시기 시작했다
가을 안에서는 미치도록
커피가 당기는 이유다

오늘은
가을을 닮은 진한 커피를 마시면서
성질 급한 낙엽을 줍는다
커피가 줍는다
허리를 굽혀 낙엽에 입맞춤한다

8월의 선물

8월은 걷던 길을 멈추고
한 번쯤 돌아보는 달입니다

새해를 열면서 다짐했던
일들을 점검도 해보고
앞만 보고 달리다 그르친 일은 없는지
사유하는 8월입니다

일 년의 중반을 넘긴 달
건강함에 감사하는 달
8월은 선물입니다
그냥 제 생각입니다
8월은 분명 뜨거운데
이상하게 8월엔 더 뜨겁길 원합니다

7월까지 빠르게 지나갔는데
8월은 붙잡아야겠습니다
계획한 일들이 이루어지고
꿈과 희망이 이루어지길 발원하면서요

아직 제 할 일을 못 한 여름이기에
8월이 못내 뜨거운 열기로 익혀내야 할
그 무엇들이 있기 마련에
8월이 주는 선물의 정체를 알 때까지
단풍에 대해선 생각지 않으려구요
happy day 8월을 억지로라도 외치면서
doo luck!을 외치면서요

님의 향기

해 질 무렵 석양 정취가
산그늘에 인생 고단한
그림자를 쉬게 하면

칼바람 입춘 추위도
님의 향기 싣고 오다 걸음 멈추고
석양의 숨을 마신다

가슴골에 다급한 꽃 멍울이 맺히고
미처 토하지 못한 숨을
삼키고 품으로 드네

가을 몸살

무더운 여름 이별 뒤
별리를 앞둔 가을을 보자
심한 몸살을 앓는다

진한 커피를 닮은 낙엽을 줍자
그대의 별도 있다

목숨 부지함에 감사할 적에
하나둘 모아둔
보석함이 어느덧 가득 찼다

내 오늘
비틀비틀 버거워 꺼내어 보노라니
맑은 샘물 마신 양 갈증 사라지고
거뜬히 일어설 기운이 돋는다

올 가을도 열어보니
겹겹이 쌓아둔 너의 그리움이
차곡차곡 발에 채이는구나

아프면 더 반짝이며
별 같던 아픈 계절아
날 닮은 계절아
날 모셔가 진수성찬으로 인도해다오

마음 그릇(心椀)

겨울비가 훌쩍이다 돌아갑니다
저물어 가는 노을이 눈시울 붉힙니다

내 나이가 몇인지 잊었어요
꽃 같은 청춘 시절만 기억나네요
돌이켜 보니 삶의 조각들이
알 수 없는 시공간을 배회하고 있네요

피안에 닿으려면 멀었는데
헛손질 헛발질의 수고로움만 켜켜이 쌓이더니
담겨져 있는 내가 보이네요
저것이 내 마음일까요

저 그릇 엎어버리고
수수하게 맑았던 그릇으로 다시 빚고파요
거기에 다시 희망으로
나의 행복을 짓는 아궁이를 예열해서
마음 그릇을 짓고 싶네요

가을엔 안부를 전하세요

가을엔 안부를 전하세요
더 미루지 마세요
가을은 마냥 길지 않거든요

가을이 아름다워 정신 팔다가
서로의 가슴 뛰는 소린 듣지 못해요
지금 전화를 걸어요
그리고 확인하세요
가을이 얼마나 아름다운지 같이 누리자구요

함께 커피 한잔 나누자며
가을엔 안부를 전하세요
서로 오가는 안부 소리에
가을이 더욱 영글테니까요
영글어 농익은 목소리로 안부를 묻는
가을이게 하시자구요

5부
봄볕이 자꾸 나를 떠밀어요

환희

하루의 시간은
아침이 밝히지만
시간의 등불은
마음이 밝힌다

봄볕이 자꾸 나를 떠밀어요

봄볕이 손을 잡아 자꾸만 끌어가요
내 마음 널어 둔 채 난 속절없이 끌려가요
마음이 뽀송해져서 새털처럼 가볍네요

봄볕 사이에도
세상사 속 터지는 일이
어디 하나둘 환하게 보이는데
봄볕이 손을 잡아 나를 떠미네요

지금은 눈 감고 봄볕을 즐길 때라면서요

또 오고야 마는 봄

지금 너무 힘드신가요
돈 사람 환경 같은 것이
사람에겐 너무나도 중요하긴 하죠

인생이란 계절은 각기 달라요
꽃을 피우는 계절도 다르고
잎을 내는 계절도 다르고
열매를 맺는 계절도 다르답니다

그러나 한 가지
봄은 누구에게나 오지요

마음이 마음을 만나기

오늘은 특별한 기도를 드리려고 해요
무릎 꿇고 두 손 모아
정한수 놓고 같은 기도를요

하늘의 소리를 들으면야 좋겠지만
언제나 내 소리를 하늘로
올려보내기에 바쁩니다

오늘만은 바람 부는 벌판에 서서
내 안에서 들려오는
내 마음을 만나려고 해요

망각에 익숙해진 나이
돌아서서 다시 찾는 일상
두고 온 과거라는 책을 뒤지면서
잃어버리고 또 잃어버린 것들을 위한
기도드리려고 무릎을 꿇고 손을 모읍니다

뒤척이는 평화가
일몰로 함몰되었던 평화가
물밀듯 마음의 정한수에 담깁니다

봄이면

또 봄입니다
봄바람처럼 순한 삶의 인연들에게

다시 봄입니다
나목 같은 내 삶에 물 올리기로 잎을 내고
꽃피우고 열매 맺게 했던 내 소중한 인연들

시림도 있었고 겨울도 있었지만
우린 함께 커피를 마시며 화해의 악수로
봄을 기약하곤 하면서

사과나무에 사과꽃이 피기를
살구꽃 진 자리에 먹음직한 살구가 열리기를
봄내 환하게 비추던 도화가 피어나
복숭아의 달콤한 향기를 뿜어주기를
기다리던 그 인연의 봄입니다

소소함의 행복

일상의 소중함을 아는
사람들의 이야기는 빛이 납니다
우리가 필요로 하는 행복을 엮는 이야기
어린 왕자가 말했듯이
물 한 모금 풀꽃 한 포기에서 찾아냅니다
이기심이나 욕심을 버릴 때
비로소 행복을 느낄 수 있겠지요

행복해서
생각나서
그리워서
아팠던 나의 이야기를
쓰거나 끄적거리곤 합니다

자연을 보고 때론 주변을 돌아보며
행복을 맛보고 나누는 이야기
그냥 놓치는 것들을 보물 캐듯 찾는 이야기
살아있어 누리는 사랑에 대한 이야기
소소함의 행복에 입 벌어지는 이야기

그대 그리움을 마시며

토독토독
이 밤의 빗소리가
도토리 익는 소리를 닮았네요
어느 숲속에 도토리 마을에서
비를 만들고 있나 봐요

나는 늦은 저녁을 걷어내고
찬비가 가져온 그리움을
찻잔에 가득 담았습니다

이렇게 비 내리는 밤엔
더욱 그리워지는 그대
생각만으로 둘 수 없어
그대 초상화를 접어
커피잔에 띄웠습니다

커피잔에서 당신은
나를 빤히 쳐다보네요
그대 담은 커피잔 두 손으로 감싸고
천천히 아주 천천히 한 모금씩
그대를 마십니다
기꺼이 내 숨으로
그대는 묵묵히 들어오시네요

좋은 가을이 따로 있을까

가을은 딱히 좋다 나쁘 다로
표현할 수 없는 계절이다
책 읽기 딱 좋은 가을이라고
요즘은 흔치 않은 말이 살찌는
계절이라고 떠들어도
영양가 없는 소리란 게 뻔함에도

그럼에도 불구하고
자연은 무한한 글감의 제공자
쪽빛으로 두른 높고 맑은 하늘 아래선
경건함으로 인사를
투명함으로 안부를
만추의 묵직함을 닮은 기별을
서로에게 나누며 베푼다

가을은 매일 매일이 그냥 특별한 날
그냥 당신이 좋다는 말로 부족한 날
참 사랑스러운 말로 채워져 배부른 날
차 한 잔 마시고 싶은 사람 있어
생각만으로도 가슴 훈훈해지는 날
이런 가을 이런 가을날이
좋은 가을이라고 말하고 싶습니다

가을 연가

저 멀리 언덕 너머로 가자
소담스레 피어난 붉은 그리움 보러

조용조용 가을비가
안개꽃처럼 언덕을 적시면
거기 언덕을 넘어
붉은 그리움 만나러 가자

보고 있어도 보고픈 그대여
가슴 저리게 피어난
애달픈 꽃송이 그대여

내 영혼이 잠들까 애써려하며
어깨 흔들어 깨우는 가을 연가여

가을 만찬

진수성찬이다 가을 식탁은
행복한 식탁이다
그저 푸짐한 상차림으로 보고만 있어도 배부른 건
가을이란 계절이 베푸는 호사다

가을을 먹고 체하는 일은 없으리
급체는 더욱 없으리
가을 만찬은 소화제도 듬뿍 들어있으니까

서서히 비워가는 가을의 가슴만은
넉넉하다 못해 넘치는 것은
가을이면 못내 흐느껴 비어가는 들녘을 채우는
나의 감성 때문이리

가을은 사람의 감성을 먹고
빈 논바닥을 베고 눕는다
그리고 동면으로 든다

가을은 미치광이 가슴

가을의 속성은
어미의 젖무덤 같기도
탈탈 털어 여름내 대지를 먹이고
쪼그라든 젖무덤요

유난히 높은 쪽빛 하늘과
빨간 고추잠자리
궁합이 무척 잘 맞는 오후는
어디론가 떠나게 할 흉계를 지닌 것 같다

벼가 익을수록 고개 숙이는 법칙을
내게 강요하지 말아요
내 속이 찬 것으로 보이지만
난 빈 강정일 때가 많거든요
속이 비어 추울 때
가을을 만나면 난 푸드득 일어나요

가을의 속을 자세히 들여다봐요
미치광이 가슴처럼 펄펄 끓다가도
내 속처럼 텅 비어있기도 하거든요
난 가을처럼 가득 채웠다가
가을처럼 모든 걸 놓는 걸 알았어요

겨울꽃이 피면

함께 느꼈던 사랑
햇살마저 지워진 거리
아팠던 사랑
꽃보다 예뻤던 마음
지금은 어디에 당신을 사랑할 수 있어
참 고마워요
나는 갈 곳이 없는데
눈 오는 거리
그 예뻤던 길을 걷고 걸어봅니다
매 순간 그 미소를 떠올리며
나는 행복합니다
봄날 속살처럼
순한 마음 줄기로 바람에 흔들리며
살아있는 것들에 화합하며
내가 기억하는 사랑 바람같이 향기롭게
서성대지 않고 머뭇거리지 않으며
시린 겨울을 품으렵니다

삶은 향기로워야 한다

내 삶에 풋풋했던
젊은 날은 어디로 간 걸까
속절없는 그리움은
어느새 덧없음으로 슬프게 하네요

머리 위로
하얀 눈꽃 소복이 피었네요
첩첩 쌓아온 추억들이
때론 슬프게도 하고 마냥 웃게도 합니다

아픈 추억에서도 향기는 넘쳐흐르고
슬픈 추억에서도 웃음꽃으로 피어납니다

이런 향기를 피워내면서
나를 꽃 한 송이로 피게 하는
내 삶의 흔적들이 고맙습니다

일상

일어나면 늘 그냥
창을 열어 봅니다
봄비 속 텃밭 뾰족한 순들
연둣빛 한 폭의 수채화입니다

오늘 아침 하얗게 눈꽃이 내렸습니다
어머나! 눈 속 연두가 춥지 않은지 걱정도 잠시
새하얀 눈꽃 이불 덮었으니
포근할 거야 하며 쓰담입니다

언 땅을 뚫고 솟아났으니
봄바람 눈꽃은 거뜬히 버티겠지
봄날 문턱 쌓인 눈꽃
겨울 이별 아쉬운 축제인 듯 합니다

마음도 새하얀 눈꽃으로 채색해봅니다
살아있어 좋은 오늘
일상 속 감사한 행복입니다

우수(雨水)

지난봄
병자리 툭 털고 일어나
다신 볼 수 없을 것만 같던
우수의 봄 향기 맞는다

얼음장 위에 팽개쳐진
그리움 덩어리들이
강 밑바닥에 닿으면
버들강아지가 보송 웃어줄까

달 지나 해 지나간 자리
장독대 소복 쌓인 눈송이
하늘로 다시 돌아가고
순한 눈물이 소리 없이 내린다

겨우내 잠자던 나목의 발끝이
꼼지락거려 초록이 먼저
연두를 밀어 올리는 광경
침묵하는 그대 푸른 잎 뒤로
연두를 흠뻑 적셔주는 봄비의 향연

아름다운 송년

올해의 송년
따뜻한 봄날 바람이다
분명 추운 겨울임에도
좋은 사람들과 함께한 시간은
늘 아름답고 행복한 법

누군가와 또
그 누군가가 합하여
어울림의 향연을 만들면
그 자리에 굳어진 채
침묵하는 바위 같던 사람들도
여상한 행복의 자리에 드는 법

멈춰 섬이 움직이면서
열정으로 터득하는 사랑의 장작불이 붙는다
가두었던 반가움의 봇물이
터지던 밤에 서로의 칭찬이
꽃으로 피어남은 황홀하고 따뜻한 법

작품해설

긴 겨울을 지나, 봄비 내리는 시적 토양

-김 순 진(문학평론가 · 한국문인협회 이사)

작품해설

긴 겨울을 지나, 봄비 내리는 시적 토양

김순진(문학평론가 · 한국문인협회 이사)

　문학은 그 시대를 반영하는 바로미터다. 문학은 작가의 시각에 따라 그 시대 사람들의 생활방식에서부터 생활도구, 추구하는 이념, 꿈과 소망 등이 사물, 추억, 현상 등에 의해 운반되어 독자에게 다가가게 된다. 독자는 문학작품을 읽고 위안받거나, 삶의 새로운 방향을 모색하고, 그를 통해 새로운 목표를 설정하거나 자신의 위치를 확인하며 안정된 사람을 추구하게 된다.
　문학에는 여러 가지 장르가 있는데, 그중에 가장 많은 사람들이 공동으로 참여하는 것이 시와 수필이란 장르다. 시는 길이가 짧아 언제 어디서나, 무엇에나 창작이 가능하다는 장점이 있고, 그에 따라 카카오톡, 문자, 카카오스토리, 밴드, 페이스북 등 SNS라 불리는 미디어 공간에 큰 자리를 차지하지 않고도 꽃이나 그림, 음악과 어울리며 독자의 마음에 쉽게 다가갈 수 있는 장점이 있다. 반면에 수필은 사람의 마음을 효과적이고 진솔하게 표현해 독자의 심금을 울리는 데는 장점이 있으나, 길이가 좀 길고 음악과 그림으로 표현되기엔 뭔가 좀 거리가 있는 것 같아 시에

비해 생산자(작가)나 소비자(독자)의 수요가 줄어드는 것도 사실이다. 그런데 박소영 시인은 시와 수필을 모두 등단한 작가로 두 가지를 겸비하니 앞으로 많은 독자를 거느릴 것 같다.

나는 박소영 시인의 한 권 분량의 시집 원고를 메일로 받아보고 적이 놀랐다. 그는 매우 특별한 방법으로 효과적인 시를 쓰고 있어 필자가 저술한 시창작 이론서 『즐기며 받아쓰는 시창작법』을 읽은 듯한 느낌을 받았다. 그만큼 빼어난 시들이 많이 있었다. 그럼 이쯤에서 그의 시 몇 편을 읽어보면서 박소영 시인의 시세계를 여행해 보자.

1. 심리적 관점에서 바라본 시

그냥 좋은 것이
그냥 좋은 것만 아니다

그것이
너도 좋고
나도 좋은 것이 아닐 테지

그냥 그렇게
좋았던 마음만은
서로 인정하는 거지

된바람 지나간 자리에서
홀홀 일어난 인연이 있지

붉은 실 푸른 실은
연인을 묶는다지만

바람이 떠난 자리에 남은
슬픔으로 엮인 인연은 사절이야
아픔으로 엮인 인연도 사절이야

- 「의심의 양면성」 전문

박소영 시인은 습작 시간을 오래 가진 시인일 것 같다. 보통 사람들은 '의심'이라는 시어를 생각하면 의심의 근처에 도사린 만남, 사랑, 이별, 잃어버림, 훔침 등을 생각하기 쉽다. 그런데 박소영 시인은 양면성을 먼저 생각한다. 나무는 꽃이 피고 열매가 달리는 윗부분의 찬사를 받지만, 시를 쓰는 시인이라면 뿌리의 수고를 바라볼 줄 알아야 하는데, 박소영 시인은 그 뿌리의 수고를 바라볼 줄 안다. 이 세상 모든 것은 양면성을 띠고 있다. 해와 달, 봄과 가을, 여름과 겨울, 낮과 밤, 여자와 남자, 줄기와 뿌리와 같은 것을 우리는 흔히 반대말이라고도 하는데, 박소영 시인은 반대말의 차원에서 벗어나 양면성을 읽어내고 있다. 사람들은 꽃에게 '너는 예뻐서 좋겠다' '너는 향기로워서 좋겠다'고 말할 수 있겠지만, 꽃은 강해지고 싶을 것이다. 꽃은 향기를 떨어버리고 용감해지고 싶을는지도 모른다. 꽃은 뿌리의 수고가 너무 감사해서 더욱 아름답게 피어나는지 모른다. 그것이 양면성에 관한 고찰이다. 너무 좋을 때 나락으로 떨어질 것을 염려해야 한다. 너무 행복할 때 이 행복이 무너지면 어떻게 하지 걱정하게 된다. 계속해서 두 사람이 행복만 이어가면 좋겠지만 오랜 만남이란 수고와 고통이 동반된다. '왜 나는 이렇게 복이 없을까?' '나는 하는 일마다 잘 안돼.' '남들은 금수저를 물고 태어난다는데 난 흙수저가 아니라 아예 수저 자체를 가지지 못하고 태어났어.'와 같은 불만을 터뜨리는 사람이 있다. 그러나 인간으로 태어난 것만으로도 특별히 선택받은 것임을 알아야 한다. 100년 전, 1000년 전에 태어나지 않고 지금 이 시대 2000년대를 살아가는 것만으로도 행복한 것임을, 그리고 대한민국에서 태어난 것만으로도 너무나 부러운 존재임을 깨달아야 한다. 그래서 박소영 시인은 '슬픔으로 엮는 인연', '아픔으로 엮는 인연'을 사절한다. 박소영 시인은 우연으로 만나 서로를 배려하며 필연으로 이어가기를 소망한다. 선과 후를 따지지 않고, 공과 사를 드러내지 않으며, 남녀를 구분하지 않고, 서로를 구속하지 않는 사이를 추구한다. 그리하여 서로에게 힘이 되어주는 관계를 모색한다.

우리는 오늘 태어났고
오늘을 살아내다
오늘에 서 있어요
그리고 떠날 때가 오늘이겠죠

오늘은 최고의 선물이죠
새벽 먼동부터 삶의 촛불은 요동치며
혈맥을 뚫고 살도록 오롯 살도록
하늘의 힘을 가져오죠

각기 각자 하는 일은 달라도
하루라는 불 밝혀 자신을 태우는 사람들

온종일 몸을 태워 하늘로
사람들의 소원을 실어 나르죠

밤에만 태우지 않아요
무의미한 시간이란 없어요
누구에게나 생은 간절하니까요
생은 자신을 태우는 촛불이죠

- 「촛불」 전문

 촛불은 인간이 만든 가장 아름다운 꽃이다. 스스로를 태워 세상을 밝히는 촛불은 봉사정신의 상징으로 대변된다. 한때 촛불은 부의 상징이던 시절이 있었다. 내가 어릴 적만 해도 등잔불을 켜던 시절이 있었다. 저녁 때면 등잔의 심지에 까맣게 그을린 호야를 지푸라기로 닦아야 하는 수고로운 시절이 있었다. 그때 촛불은 집집마다 켜는 일반적인 사람의 도구가 아니라 생일상이나 제사상을 밝히는 성스러운 것이었다. 어릴 적 할머니가 해주시던 이야기가 생각난다. 옛날 전깃불 없이 등잔불을 켜고 살던 시절에 서울에서 한 손님이 시골에 오셨는데, 선물로 양초를 한 갑 사가지고 오셨단다. 그런데 시골 사람들은 처음 보는 물건이라 무엇인지 몰랐다. 기름이 번질번질하니 꼭 소기름 같기도 한데 몰라서 아마도 먹는 것이거니 하고 잘라서 김칫국을 끓였더니 정말로 김치가 부들부들해지고 소기름이 둥둥 뜨는 것이, 한 술 떠먹어보니 맛이 있더란다. 손님은 등잔불 밑에서 더듬더듬 손으로 그릇을 만져가며 밥을 먹고 나서 아니 내가 사 온 촛불은 어디에 두고 등잔불을 켜고 있느냐 물으니 방금 잡수신 김칫국이 그걸 넣고 끓인 국이라 했다. 서울 사람이 '어이쿠 큰일 났네. 그거 불 켜는 데 쓰는 것인데…'라고 하자, 시골 사람들은 자기 몸에 불이 붙을까 봐 개울에 가 몸을 담그고 있다가 사람이 담배를 피우며 담뱃불 뻐끔대고 지나가면 물속에 들어갔다가 나오곤 했다는 우스갯소리를 들은 적이 있다. 정말 호랑이 담배 피우던 시절 이야기다. 과거에는 촛불이 부의 상징이면서 밝음의 상징이었지만, 지금은 정의를 표현하는 시위의 수단으로 쓰이기도 한다. 그래서 광화문광장에서 날마다 시민들의 촛불집회가 열리던 시절이 있었다. 촛불은 자신의 본분을 다해 최선을 다하며 사라져간다. 사람들은 누구나 오늘이라는 촛불 한 자루를 받는다. 그리고 최선을 다해 자신을 태우는 사람도 있고, 아예 불을 당기지 않는 사람도 있고 반쯤 태우다 꺼지는 사람도 있다. 그러나 박소영 시인은 오늘 하루를 촛불처럼 살고자 한다. 오늘을 최고의 선물, 즉 생일이라 여기고 자신의 생일 케이크에 꽂힌 아름다운 촛불처럼 최선의 날을 살아내고자 한다. 사람들은 1년 중 하루, 자기가 태어난 날을 생일(生日)이라 하지만, 사실은 살아있는 날은 모두 생일이고 죽으면 그날이 제삿날이 되는 것이니, 박소영 시인처럼 오늘을 생일로 생각하고 열심히 살아낼 일이다.

2. 사회적 관점에서 바라본 시

극한 상황
극한 직업
극한 행위

극한이란 단어가

전두엽 정중앙에 꽂혔다
평생에 한두 번 경험할 수 없는
짜릿한 경험이 신선한 충격으로
충격적인 추억으로 각인 되었다

옆지기 남편이 출장을 간다기에
모처럼 누리는 여유를
심야극장 극한 직업에 심었다

자유부인으로 신분 상승해서
평생에 단 한 번에 머무를지도 모를
자유로운 호사를 누리는 맛이 호화롭다

앞으론 남편이 집에 있어도
깐깐하게 챙겨볼 심산이면서 눈치가 보인다

왜
뭣 땜시
뭣이 중헌디

아내란 자리를 지키는 것이
때론 극한 직업 같다

- 「극한 직업 관람후기」 전문

포털사이트 다음 백과사전에서 '극한직업(極限職業)'을 검색하니 "노동 강도가 높으나, 근무 조건은 열악한 직업"이라고 나온다. 이를테면 밤에 청소차를 따라다니며 청소를 하는 사람들, 냉동창고에서 일하는 사람들, 추운 바다에 나가 물고기를 잡는 사람들, 뜨거운 태양이 내리쬐는 염전에서 일하는 사람들, 타워크리엔 안에서 일하는 사람들 등이 극한직업을 가진 사람들이라 할 수 있다. 영화 <극한직업>은 경찰관들이 치킨집에 숨어서 낮에는 치킨장사를 하고 밤이면 범인을 체포하기 위해 잠복근무를 하는 코미디영화다. 이를테면 투잡에 관한 이야기다. 세상이 점점 더 분업화되고 다양한 직업이 생겨나면서 투잡, 쓰리잡을 하는 사람들이 생겨났다. 오전에는 학원에서 강의를 하고 저녁에는 대리운전을 하거나, 낮에는 식당에서 서빙을 하고, 저녁에는 회사의 경비를 하는 등의 방식이 투잡이다. 현대인들이 영화 극한직업에서처럼 두 가지 이상의 직업을 가지고 살아가는 이유는 한가지 직업만으로는 폭발적으로 늘어가는 금전의 수요를 충당하기 어렵기 때문이다. 유흥과 소비로 대표되는 현대 사람들에게 돈은 필수적인 요소다. 자동차세, 전화세, 전기세, 상하수도세 같은 공과금이 현대인들의 허리를 졸라매게 하지만, 그것보다도 현대인들을 더욱 힘들게 하는 요인은 인터넷쇼핑의 발달이다. 밤 12시 이전에 주문하면 새벽에 가져다주는 한 인터넷 쇼핑몰은 소비자에게는 가히 상상할 수 없는 속도로 주문제품을 배달해주니 그렇게 좋을 수 없는 쇼핑몰이긴 하지만, 그것을 배달해주는 근로자에게는 가히 쥐약 같은 근무환경이다. 새파랗게 젊은 사람들이 정상적인 시간에 잠을 자고, 부부간에 원만한 삶을 살아야 2세도 정상적으로 태어나고, 생산성도 증가할 텐데, 사회적 시스템이 젊은이들의 사랑할 권리마저 앗아가는 형국이니 그를 바라보는 은퇴 나이의 나로서는 씁쓸한 표정을 짓게 한다. 그런데 그것은 나 자신이 몰라서 하는 말, 내 아내도 평생 직장을 다니면서도 집에서는 빨래며 음식을 장만해야 하는 극한직업의 상황에 몰려 있었던 것 같아 박소영 시인의 이 시를 읽으면서 아내에 대한 고마움과 반성의 마음이 밀려온다.

> 소복소복 하얀 눈이 내려오면서
> 무슨 말 할까 무슨 말 할까
> 아이들이 어렸을 때 불러주던 동요가
> 어디에 들어 있을까
> 소중히 찾아내 눈길 위에 동요를 심는다
> 흥얼흥얼 심어보고 뿌려본다
>
> "하얀 눈 위에 구두 발자국
> 바둑이와 같이 간 구두 발자국
> 누가 누가 새벽길 떠나갔나
> 외로운 산길에 구두 발자국
>
> 바둑이 발자국 소복소복
> 도련님 따라서 새벽길 간다
> 길손 드문 산길에 구두 발자국
> 겨울 해 다 가도록 혼자 남았네"
>
> 눈꽃 구경 흠뻑 취해서 동요를 흥얼거렸다
> 눈들이 나의 흥얼거림에 함께 노래한다
> 이런 날이면 커피 한잔 하실래요

따뜻한 초청을 받고 싶은 날이다
차 한 잔 나누면서 풍경이 되고 싶은 날이다

- 「사람이 풍경」 전문

　우리나라 사람들은 자신의 외모에 관심이 많다. 좋은 말로 하면 예쁘고 아름다우며, 조금 나쁜 말로 하면 사치가 심하다. 우리나라가 선진국이 되었고, 그만큼 우리들의 삶의 수준도 향상되었으니 옷과 화장품이 많이 팔리는 것은 자연스런 현상이라 할 수 있겠지만, 우리나라 사람들은 특히 아웃도어(outdoor)를 잘 사 입는다. 아웃도어라는 말은 원래 '죽는', '나가다', '사라지다', '제거되다'란 뜻의 영어인 '아웃(out)'이라는 말과 '문(門)'이란 뜻의 영어인 도어(door)의 합성어다. 영어는 직역(直譯)보다는 의역(意譯)의 해석방식을 택하는 말이 많은데 '아웃도어(outdoor)'가 문밖에서 입는 옷이라는 뜻으로 그런 방식으로 만들어진 영어 단어다. 내가 왜 갑자기 이 시와 관련이 없는 '아웃도어'란 말을 설명하느냐 하면, 우리나라 사람들은 제사보다 젯밥에 관심이 많은 것 같아서 하는 말이다. 고작 뒷산 정도를 가는데도 우리나라 사람들은 몇십만 원씩 하는 아웃도어를 사 입고 10만 원을 훨씬 뛰어넘는 트레킹화, 등산화를 사야만 남들 보기에 괜찮다는 생각을 하기 때문이다. 게다가 예쁜 모자에 멋진 선글라스, 괜찮은 메이커 배낭까지 갖추고 동료들과의 등산에 참여하려면 100만 원이란 돈은 흔적 없이 부서진다. 그런 좋은 아웃도어를 입은 사람들이 모이는 곳이 관광지이고 등산로이다 보니 박소영 시인의 말처럼 '사람이 풍경'이라는 말에 고개가 끄덕여진다. 꽃들이 피어나는 봄철이나 단풍이 아름답게 물드는 가을의 관광지에 가면 꽃이나 단풍보다 더 알록달록한 사람들의 의상에 누구나 '사람이 풍경'이란 말을 실감하셨을 것 같다. 이 시는 그런 관광지나 등산로를 생각하고 쓴 시는 아니고, 하얀 눈 위를 걸어가는 사람을 생각하고 쓴 시지만, 박소영 시인이 생각하는 '사람이 풍경'이라는 말을 가만히 곱씹으면서 「구두 발자국」이란 노래를 불러보면 하얗게 내린 눈 위로 새벽에 떠나는 한 사람의 발자국을 상상하며 한 폭의 풍경화를 상상하게 된다.

3. 자연적 관점에서 바라본 시

통증 덩어리째 뭉쳐
견딤의 공간을 닫아걸었는데 밝다
견딤을 어디까지 길인지
투박하게 무식하게 버티어
통증 견뎌 넘어오다가
평화롭고 밝다

파도의 물결도
몸을 부풀리며 덩어리가 되어
살아선 못 풀 듯 껴안고 잦아지는
고요한 물결일 때도 있다
혼자 오들오들 떨다가
통증끼리 서로 비빈 훈김으로
서로 마음 붉어지는 온기

상처 자리 감추려 말자

아물고 나면 흉터 자리에
연둣빛 새살이 돋아
초록으로 잘 자라
그 어떤 바람도
살포시 끌어안고 품어보면
상처도 녹색 선물

─「녹색 상처」 전문

  상처란 말은 여러 가지 의미를 내포한다. 외적 상처, 즉 피부가 찢어져 피가 나는 개방성 상처가 있고, 외부의 충격에 의해 피부는 찢어지지 않았지만, 내부에 상처를 받은 내적 상처, 즉 폐쇄성 상처가 있다. 외부에 난 상처, 즉 개방성 상처는 상처 부위를 꿰매거나 약을 발라 치료할 수 있지만, 내적 상처, 즉 폐쇄성 상처는 피부 안으로 핏줄이 터졌거나 응혈이 들어 퍼렇게 멍이 드는 것, 골절 등을 말하는, 약물로 치료하는 방법이 안 되면, 봉합 수술이나 철심을 박는 등 더욱 어렵고 긴 치료를 해야 한다. 지금껏 말한 두 가지 상처는 신체적 상처다. 신체적 상처는 치료를 하면 나을 수 있지만, 마음의 상처는 치료되기 힘들다. 어릴 적 부모를 누가 때리거나 죽이는 광경을 목격했다거나, 사고로 인해 죽는 사람 옆에 있어야 했던 사람은 평생 동안 그 마음의 상처를 치유하지 못하고 공포증후군, 분노증후군, 폐쇄증후군 등의 이름으로 살아가야 하는 경우도 있다. 고문당한 상처나 학대당한 상처는 정말 치유하기 힘들다. 그리고 남녀 간에 피치 못할 사정으로 이루어진 이별의 상처 또한 평생 가슴의 멍을 안고 살아가야 하는 상처다. 나는 지금껏 상처엔 모두 붉은 피가 맺힌 줄 알았다. 그런데 지금 박소영 시인의 「녹색 상처」란 시를 읽노라니, 문득 '상처에도 다양한 색깔이 있을 수 있겠구나' 하는 생각이 떠오른다. 그리고 "상처도 녹색선물"이라는 박소영 시인의 말에 머리를 해머로 한 방 맞은 듯 몽롱하다. 그렇다. 숲에서 생긴 녹색 상처가 있다면, 바닷가에서 생긴 코발트빛 상처가 있을 수 있고, 벚꽃그늘에서 생긴 분홍빛 상처도 있을 수 있다. 라일락 그늘에서 생긴 보랏빛 상처, 흰 눈 내리는 날 생긴 백색 상처, 비 오는 날 생긴 물방울 상처도 있을 수 있다. 그리고 그 모두는 녹색 선물, 코발트빛 선물, 분홍빛 선물, 보랏빛 선물, 백색 선물, 물방울 선물로 되돌아올 수 있는 것이다. 그것이 시이고, 시 짓는 사람의 심리다. 이런 시적 혜안이 뜨인 박소영 시인의 시는 앞으로 많은 사람들에게 감동을 줄 것 같다.

지난봄
병자리 툭 털고 일어나
다신 볼 수 없을 것만 같던
우수의 봄 향기 맞는다

얼음장 위에 팽개쳐진
그리움 덩어리들이
강 밑바닥에 닿으면
버들강아지가 보송 웃어줄까

달 지나 해 지나간 자리
장독대 소복 쌓인 눈송이
하늘로 다시 돌아가고

순한 눈물이 소리 없이 내린다

겨우내 잠자던 나목의 발끝이
꼼지락거려 초록이 먼저
연두를 밀어 올리는 광경
침묵하는 그대 푸른 잎 뒤로
연두를 흠뻑 적셔주는 봄비의 향연

- 「우수(雨水)」 전문

  우수는 봄의 절기 중 두 번째 절기다. 겨울을 상징하는 한로, 상강, 입동, 소설, 대설이 있다면 그중 한로는 한로(寒露) 찬 이슬이 내리기 시작한다는 뜻이고, 상강(上倉)은 채소나 곡식이 얼 수 있으니 창고에 들이라는 뜻이며, 입동(立冬)은 겨울이 시작된다는 뜻, 소설(小雪)은 첫눈이 내리기 시작할 때라는 뜻, 대설(大雪)은 겨울이 깊었다는 뜻이다. 그렇게 해서 대략 4개월 전후의 겨울이 서서히 지나가면 입춘(立春)이 도래하는데, 입춘은 해가 동경 315도에 이르렀을 때로 봄의 시작을 의미한다. 그러나 아직 음지에는 눈이 보이고 땅이 얼었다 녹았다 해서 보행에 지장을 주기도 한다. 봄은 비로소 우수(雨水) 때가 되어야 무르익기 시작하는데, 이때는 봄비가 시작되고 아지랑이가 피어오른다. 사람들은 입춘을 큰 절기로 쳐서 '입춘대길(立春大吉) 건양다경(建陽多慶)'이란 글씨를 써서 대문 앞에 여덟 팔(八)자 모양으로 붙여놓지만, 우수에는 아무런 행사를 하지 않는다. 하지만 그것은 사람들의 생각이고, 세상 만물은 우수(雨水)에 열광한다. 봄비는 우선 얼었던 땅을 녹이고 메마른 대지에 물을 공급한다.

물의 공급은 정지되었던 생장점을 자극하게 된다. 이를테면 나무는 다시 물을 다시 길어 올려 가지 끝에 공급하게 되고, 땅속에서 겨울잠을 자던 곤충과 동물들은 긴 잠에서 깨어나 얼었던 몸을 서서히 녹이고 땅으로 나올 채비를 하는 것이다. 그러나 아직 경칩, 즉 밖으로 나올 때는 아니다. 그냥 잠자리에서 비몽사몽간에도 '이제 일어나야지'하는 생각이 드는 것처럼, 동물도 식물도 그런 느낌을 받는 때가 그때다. 나는 우수(雨水)의 시간을 태아의 시간이라 말하련다. 박소영 시인의 시에서처럼 "겨우내 잠자던 나목의 발끝이 / 꼼지락거려 초록이 먼저 / 연두를 밀어 올리는 광경"을 보고 싶은 시간이 그런 우수(雨水)의 시간이다. '찻잔 속의 폭풍'이라는 말이 있다. 뭔가 움직임은 없는데 엄청난 폭발력을 가지고 있는 행위를 말할 때 우리는 '찻잔 속의 폭풍'이라는 말로 비유한다. 아마도 '찻잔 속의 폭풍'이라는 말은 '우수의 시간'이란 말과 견줄 수 있는 말인 것 같다. 박소영 시인의 "침묵하는 그대 푸른 잎 뒤로 / 연두를 흠뻑 적셔주는 봄비의 향연"을 바라볼 수 있는 힘은 오랜 습작과 내면 성찰 없이는 바라볼 수 없는 것이다. 나는 그동안 박소영 시인이 가진 오랜 우수(雨水)의 시간, 즉 시가 태어날 수 있는 태아의 시간을 견뎌준 것에 대해 평가한다.

이상에서처럼 나는 박소영 시인의 시를 "1. 심리적 관점에서 바라본 시, 2. 사회적 관점에서 바라본 시, 3. 자연적 관점에서 바라본 시"라는 소주제를 가지고 읽어보면서 그의 마음세계를 여행해보았다. 박소영 시인의 시적 계절은 봄이다. 겨울의 광풍을 견디고, 동토를 서서히 풀어가는 그의 절기는 지금 우수(雨水)로 태아의 시간이다. 그리고 지금 그의 시적 토양에 시집이라는 봄비가 내리고 있다. 이제 그의 시적 토양에는 만물이 생동할 것이다. 새싹에 돋고 꽃이 피며, 개구리가 울고 풀벌레가 노래할 것이다. 그의 만개한 시밭에 상춘객들이 붐비고, 시가 더욱 무성해지길 기대한다.

시집의 상재를 진심으로 축하드린다.

박소영 시집

그대
잠시 쉬어가요

초판 발행일 2024년 5월 7일

지은이 박소영

펴낸이 양상구
웹디자인 김초롱
펴낸곳 도서출판 채운재
주소 우) 01314 서울시 도봉구 시루봉로 15라길 38-39 301호
전화 02-704-3301
팩스 02-2268-3910
H·P 010-5466-3911
E-mai ysg8527@naver.com

정가 12,000원
ISBN 979-11-92109-70-1(03810)

@ 박소영 2024

* 이 책은 저작권법에 따라 보호받는 저작물이므로 무단전재와 무단복제를 금지하며 이 책의 내용 전부 또는 일부를 이용하려면 반드시 저작권자와 도서출판 채운재의 동의를 받아야 합니다
* 파손 및 잘못된 책은 구입처에서 교환해 드립니다